© Ricardo Silvestrin, 2021
Direitos de publicação da Libretos®
Permitida a reprodução somente se citada a fonte.

Ilustração
Leo Silvestrin

Edição e design
Clô Barcellos

Foto do autor
Carolina Silvestrin

Revisão
Célio Klein

Dados Internacionais de Catalogação na Publicação:
Bibliotecária Daiane Schramm – CRB-10/1881

S587c	Silvestrin, Ricardo
	Carta aberta ao Demônio. / Ricardo Silvestrin.– Porto Alegre: Libretos, 2021.
	104p.; 12x20cm
	ISBN 978-65-86264-28-9
	1. Literatura Brasileira. 2. Poesia.
	I. Título.
	CDD 869

Rua Peri Machado 222, B, 707
Porto Alegre-RS
90130130
www.libretos.com.br
libretos@libretos.com.br

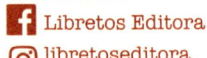 Libretos Editora
libretoseditora

Carta aberta ao Demônio

Ricardo Silvestrin

Porto Alegre, 2021

"Caros
       camaradas
              futuros!
Revolvendo
     a merda fóssil
             de agora,
perscrutando
     estes dias escuros,
talvez
       perguntareis
              por mim."

Maiakóvski
(Tradução de Haroldo de Campos)

I
OUTRO TEMPO

OUTRO TEMPO	11
A LÓGICA DO PODER	14
O SENHOR MORTE	15
C	16
SESSÃO	18
CUPINS	20
MARCHAS	21
PASSEATA	22
DES	23
FARSA	24
51 DETENTOS	25
LUPA	26
PRÉ-REQUISITOS	27
LIXO SEM LUXO	28
REVEZAMENTO	29
SABER	30
PILANTRA	31
REINTROSPECTIVA	32
ALHEIO	34
CAMARADA	35
CARTA ABERTA AO DEMÔNIO	36
BATISMO	37

II
OUTROS CANTOS

CANTO	41
EIS	42
OCASO	43
PASSO DE DANÇA	44
DE MÃOS DADAS	45
A CASA	46
SACOS	48
AH, O AMOR	49
POEMA DE NATAL	50
SANTOS VOADORES	52
RONDÓ DO DESAMPARO	54
ZOOM	57
POSIÇÃO	58
ESTAÇÃO	59
DUENDES	60
ENCONTRO	61
VAGA	62
EREMITA	63
O TRISTE SUMÉRIO	64
NÓ	65

III
ERRATA

CERTIDÃO DE NASCIMENTO	87
NATURAL DE	88
NACIONALIDADE	89
PROFISSÃO	90
IDENTIDADE	91
EPITÁFIO	92

IV
ATRIBUÍDO A MIM

ARQUEOLOGIA	95
RASTROS	96
NOTA	97
OUTRO	98
O AUTOR	99
A OBRA	100
SOBRE O AUTOR	102
SOBRE O ILUSTRADOR	103

SER	66
SE	67
PESO	68
VELA	69
AVALANCHE	70
PODE	71
MEADA	72
FIOS	73
FALA	74
NATUREZA	75
NÉVOA	76
MOIRAS	77
BALANÇA	78
RUGAS	79
ORAÇÃO	80
BAR FANTASMA	81
PARA-CHOQUE	82
BANDA	83
TENTATIVA	84

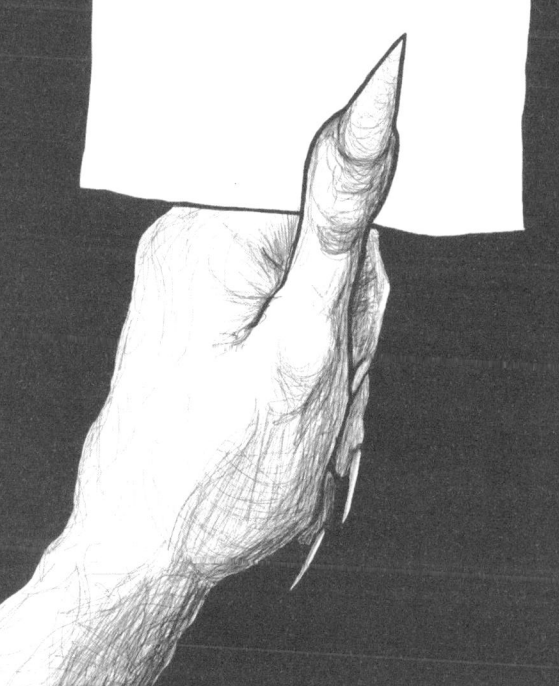

I
OUTRO TEMPO

OUTRO TEMPO

Na verdade, este é um tempo de mentiras.
Tempo de verdades terríveis
que não podem vir à tona,
a não ser sob a forma de violência.

O crime de encomenda,
o corpo entregue,
o triste mandante
alegre.

O falso atentado,
o falso messias,
o falso louco.

A verdade, cada vez mais distante,
é levada para fora da cidade
aos trancos, aos empurrões,
por capangas, por quem gritar mais alto no debate.

Há concursos para escolher a melhor mentira,
seguidores de uma ou de outra linha mentirosa,
argumentos para provar que mais vale esta
                                [do que aquela.

Como o mar, a mentira sobe, desce, vem e devasta tudo,
mas também é diversão para o bebê, a gaivota e
                                [o cachorro.

Pensou ter ouvido um sebinho sobre o fio da
[eletricidade,
foi ver era um minúsculo homem fantasiado de
[passarinho.

Disfarçado de filósofo, o besta convence as bestas.
Mas também foi traído, eram falsas bestas se fazendo
[de sonsas.

É o guarda? Não. É a milícia.
É a equipe médica? Não. É um grupo que tomou
[a sala e a palavra.
É o juiz? Não. Ou é, mas que diferença faz?
No país da mentira, cada um pode ser e não ser.

Cada homem ou mulher é seu espelho
e joga com o álibi do reflexo.
Acusado, foge para dentro da imagem.
Absolvido, reincorpora-se.

O jogo se estende pelas telas dos celulares.
Ninguém está onde está.
Encontra-se alhures,
falando com outro
que não está lá,
mas aqui, no lugar deste,
a salvo de quem vive a sua volta.

Ao comando de "ação!",
a equipe de atores-policiais
entra no cenário-local-do-crime
e leva os atores-meliantes
algemados
a caminho do nada
e só para quando ouve "corta!"

Ao padre, no confessionário,
não se confessam mais mentiras,
só verdades.
A penitência é rezar entre dentes
para disfarçar que não se sabe a reza.

Os ministros da deseducação, do zero-ambiente e
 [da família dinossauro
jogam cortina de fumaça sobre os atos do ministro da
 [fazenda,
que passam despercebidos no meio da confusão.

A soma dos tweets
formará um discurso
de ladrilhos.
Cada parte é o todo.
Pode ser lido em si mesmo
ou como um retalho,
um frangalho,
um fiapo
de uma lógica
que repousa
no mesmo lugar
de sempre da história.

Este é um tempo de retórica.
Mas a poética continua ensinando
que a arma do poeta,
como disse Aristóteles,
não é fazer o possível incrível,
mas o impossível crível.

A LÓGICA DO PODER

Acorrente bem forte –
diz o Poder para Hefesto –,
até Prometeu sentir
que, mesmo engenhoso,
é inferior a Zeus.
Não se sinta mal, Hefesto,
pela punição severa.
Acorrente,
perfure,
martele.
Você não tem culpa alguma.
Quem levou as coisas
para esse caminho
não foi você.
Foi Prometeu.

(Acompanha o Poder
a Violência, sua irmã,
que a tudo assiste
calada.)

O SENHOR MORTE

O Senhor Morte está cada vez mais isolado
Há perdas visíveis no seu séquito
De anjos do inferno
Um a um
Eles se
Vão

O Senhor Morte tenta se fazer de forte
Acusa, ameaça, conclama
E um cortejo risível
De múmias
Sai às ruas
Mas é
Pífio

O Senhor Morte se olha no espelho
E nem o seu reflexo
O apoia
Mais

C

A cantora de ópera... A buganvília... O terror...
Porto Alegre é um buraco entre morros,
montanha-russa por onde desce e sobe
uma procissão de carros.
Alto lá! Está proibida a circulação!
O choro convulso do motorista.
Não pode ostentar sua caminhonete-mastodonte,
latifúndio móvel para apenas um passageiro.
A máscara, Ricardo, põe a máscara!
A professora ensina história na fila do banco.
Porto Alegre é um buraco sem fundo.

O motoqueiro do aplicativo passa sem
               [direitos trabalhistas,
o outono baixou a temperatura para quinze graus,
estamos dando de graça o que você não quer
               [nem de graça.
E o garoto cresce, e o jovem se forma, e o homem
               [é um recém-adulto.
As empresas aéreas oferecem passagens etéreas para
               [um lugar imaginário.
E a solidão do vigário, e o emprego precário, nuvens,
               [nuvens, nuvens.

Alguns decidiram arriscar a vida para ver o pôr do sol.
O panelaço... A live... O funk na calçada...
Pernalonga e Patolino discutem calorosamente.
Sigo dentro de um abrigo Adidas até o pescoço.
Enquanto um número não tiver carne e osso,
as palavras tolas seguem a sair das bocas toscas.
Estamos todos no mesmo barco: na mesma canoa
                                              [furada.

De repente o planeta é um lugar hostil.
Perdidos no Espaço, desembarcamos,
e um inimigo invisível nos avista.
Perigo, perigo, perigo, diz a lata de sardinha.
Dr. Smith é o presidente e tenta levar todos para o
                                              [buraco negro.
A curva no gráfico... A sacola do supermercado...
Um comprimido laranja de vitamina C
acaba de descer goela abaixo.

SESSÃO

Do meio de uma nuvem de pó,
o passado amorfo se manifesta.
Suas palavras alternam
com uma tosse insuportável.
– Bem, cof, cof, cof,
minha visão sobre esses fatos todos,
cof, cof, cof,
é a mesma de sempre,
cof, cof, cof,
já a expus em diversos momentos,
cof, cof, cof,
os que me acompanham sabem,
cof, cof, cof,
a minha posição.

– Permita-me interromper a sua tosse,
quero dizer, a sua fala – disse
o mediador da mesa,
um centrista
sentado no exato ponto equidistante
entre a extrema esquerda
e a extrema direita –,
mas o seu tempo acabou.

– Acabou há muitos anos! –
atravessa o presente,
que tem seu microfone cortado.

– Cof, cof, cof!
É o que vocês pensam,
meu tempo se entranha
em cada segundo do tempo atual
e mina como células cancerígenas
toda possibilidade de renovação.

– Pela ordem, senhores! – diz o mediador.
– E pelo progresso! Cof, cof, cof!

CUPINS

Quando os cupins se alastram
é preciso jogar a madeira fora,
a porta do armário, a casa inteira,
e, quando mais nada sobrar,
o cupim a si mesmo devora.

Age por dentro, em silêncio,
e vai pondo abaixo o agora
de tudo que um dia se quis,
a morada, a alegria, um país.

– Que fizeste do teu país, cupim?
– Um país é uma ficção,
um amontoado de diferenças,
e sobre elas passaram massa corrida
e sobre a massa tinta a óleo
e sobre a tinta papel de parede
com as cores de uma bandeira.

MARCHAS

Há que se cantar palavras que derrubem
os mais tristes ditadores,
bater palmas, bumbo, tarol.
Há que se derrotar toda tristeza
com a alegria de se marchar em grupo,
não como marcham soldados,
mas como se pulam marchinhas de Carnaval.
Há que se debochar da farsa sisuda
fazendo rimas que desconcertam.
E quando vierem as bombas,
a tropa de choque, a cavalaria,
dispersar por um momento
para voltar renovado
com mais fôlego.
Há que se alimentar bem,
fazer exercícios,
que a caminhada é longa.

PASSEATA

Para onde seguem todos aos gritos
Entoando hinos de braços erguidos
Passos estancam já nos precipícios
Voltam cem casas até o início

Não avançam nem mais que o previsto
Tabuleiro com um peão e um bispo
O rei segue bem protegido
Pelos dogmas que foram erigidos

Para onde seguem todos aos gritos
Não parecem querer tirar do lugar
O que os faz ter que viver a gritar
Gritarão até o infinito

DES

Assim como errar,
o horror é humano.

Não, não foi um engano
o mal
num tão bem
pensado
plano.

Nem cabe dizer desumano,
pois que o horror
tem que ser feito
por fulano ou beltrano.

Sem céu nem inferno,
o horror esse sim
é eterno.

FARSA

O teatro do mundo
encena uma farsa
diária.
Saber-se falsa
não diminui
a ameaça.
O soldado de chumbo
na porta da delegacia
com ares de mau.
Se o despirmos
é só um homem
sem graça, sem sal.
Fardado, por ele
ninguém passa.
À paisana,
é só mais uma
figura otária.
O teatro do mundo
encena uma farsa
diária.

51 DETENTOS

O abuso de poder
expõe a indigência
do soldado falastrão.
Quer ferir com palavras tolas
todas e todos
que carrega
para a delegacia.
Seu raciocínio em espiral
vai espetando um a um
com argumentos de jumento.
Eis que um devolve
a contradição da sua fala,
e o soldado,
depois de consultar
o superior
se pode prender
o suposto infrator,
com a negativa
enfim se cala.

LUPA

Não. Antes de qualquer coisa.
Sim. É preciso dizer não.
Depois começa a conversa.
Aliás, se for possível ter conversa.
Haverá um tempo (ou não haverá)
em que a história será outra.
Por enquanto, é o que temos.

Uma lupa sobre o não.
Destrinchar o frango.
Separar o n, o a, o o,
desasar o til.

Tirar outro não do bolso
e botar na mesa.
Trincheira, abismo,
daqui ninguém passa.
Haverá um outro tempo (ou não haverá)
em que o sim vai ser possível.

Uma lupa sobre o sim.
Operação de ponte de safena.
Separar com clipes o s, o m,
o coágulo do pingo no i.

PRÉ-REQUISITOS

Não é preciso coerência
para ser um gambá.
O corpo cinza,
a ponta do rabo branca.
Procurar por comida
no meio da noite,
atrás da casa.
Ninguém cobrará pelo disparate
entre seu voto e sua esperança,
dizendo
    "mas você não sabe isso e aquilo;
    é preciso estudar o mínimo de história,
    entender um naco que seja sobre
        [as diferentes ideologias;
    é preciso supor que existam diferentes
           [subtextos sob cada fala
    e assim chegar à coerência entre o que pensa
               [e em quem vota".
Não é preciso saber nada disso
se você for um gambá.

LIXO SEM LUXO

Ele sabe que será jogado
na lata de lixo da história,
mas esperneia.
Tira de sua cabeça,
como um coelho morto
de uma podre cartola,
ideias sem serventia.
Os medíocres que o seguem
aplaudem sua iniciativa
e votam em assembleia
os dejetos que se transformam
em decretos.

REVEZAMENTO

Democracia é um revezamento.
Um pouco de tempo
para um sábio,
um pouco para um louco,
um tanto a um larápio,
um pouco a um genocida,
e assim vamos levando
a vida.

SABER

Eu não sabia,
agora sei,
o que é viver
numa ditadura.

De manhã à noite,
a gente espera
que ela acabe.
E ela perdura.

PILANTRA

Lá estou eu no passado recente,
tempo que ainda podia estar aqui.
Quem fez o relógio andar assim,
trôpego, indiferente ao gozo?

Viva, viva,
três vivas ao morto,
memória que faz o etéreo
ser mais potente que o agora.

E não vou cair nessa de que tudo acaba,
de que tudo tem seu tempo, tudo vira não.
E não vou andar na beira do poço escuro,
nem espernear com cem pernas de centopeia.

Vou botar o dedo na cara do sujeito, do pilantra
que diz "vamos, faça e aconteça, é possível!".

REINTROSPECTIVA

Ainda ontem era primeiro de janeiro.
De que ano mesmo?
Quem sabe um ontem do futuro,
de um tempo circular que agora morde o próprio rabo.

Bom dia, eu sou o atendente da papelaria; boa noite, eu
 [sou o revisor do jornal; boa tarde,
 [eu sou o professor de português; boa
 [madrugada, eu sou o redator.

Adeus, eu velho; feliz, eu novo.
E, quanto mais novo, mais velho.
Mesmo que nunca amadureça o suficiente.
Abacate enrolado no jornal,
preciso que me obriguem,
que me forcem a um amadurecimento artificial.

A contragosto, aceito os fatos, mas como impostores,
falsos fatos no lugar da vida verdadeira,
aquela que não acontecendo
só prova que existir pode não ser a melhor opção.

Minha filosofia? O Inexistencialismo.
Em breves momentos, o que se passa
no meu não tempo e não espaço
coincide com o que se passa no tempo de todos.
Daí certidão de nascimento, carteira de identidade,
certificado de reservista, título de eleitor, fotografias,
vídeos e outras provas de que houve alguém como eu.

Mas tudo o que não coincide
atesta que também posso viver sem a vida.
Uma não vida tão forte que não morrerá nem com
[a morte.

ALHEIO

Viver na história,
com seu jogo de circunstância,
perda, ganho, derrota e glória.

Nascer e morrer num tempo definido,
escolhido ao acaso,
mas o único que nos foi dado.

E a sensação de ser alheio,
como se a vida fosse uma voz
que não é nossa,

mas está em nós.

CAMARADA

Camarada Maiakóvski, mando um recado,
eu, Ricardo, aqui do futuro:
estamos encharcados de passado,
o retorno do recalcado, como Freud dizia
e Wally repetiu em coro.

Sei que uma nação é uma colcha de retalhos,
costurada com linha dura,
enquanto o poeta afia o verso,
pronto para empunhar a palavra de desordem
à frente da passeata, no trajeto combinado
com a polícia e a prefeitura.

Tudo vale no tempo anterior ao desencanto.
Homens e mulheres tomados pelo sentimento
de construir um país justo.
Mas o motor da história não enguiça
e lá vem outra tropa atacar tudo que se conquista.

Me empresta teu canto altivo
e cheio de convicção na construção socialista,
esse sonho que pode durar apenas uma noite,
mas, como no verso de Vinicius,
é infinito enquanto dura.

CARTA ABERTA AO DEMÔNIO

Demônio, meu chapa,
espero que esteja bem com os seus,
ou mal se achar que assim é melhor,
ou pior, vá saber.

Venho por meio desta
convidar para a festa
do Dia da Besta,
data a ser criada
em projeto de lei
que já encaminhei.

A efeméride
é uma homenagem
a todo seu serviço prestado
à gente que vive
deste lado do Atlântico.

Receba este cântico,
que nasce agora
e que seja eterno.
E, antes que eu esqueça,
leve todas as bestas
para os quintos
dos infernos.

BATISMO

Agora já chega de tanta hesitação,
é hora de botar em prática
tudo que se aprendeu.
As condições ideais nunca virão,
quem dá as cartas agora
somos você e eu.
Agora é um agora como nunca se viu,
uma pedra fez pra nós o favor
de quebrar o espelho retrovisor.
Chega de contar até mil,
agora é um, dois e já.
Demos a largada para a vida,
que será rebatizada
nesta hora
com o nome sagrado
de Agora.

II

OUTROS CANTOS

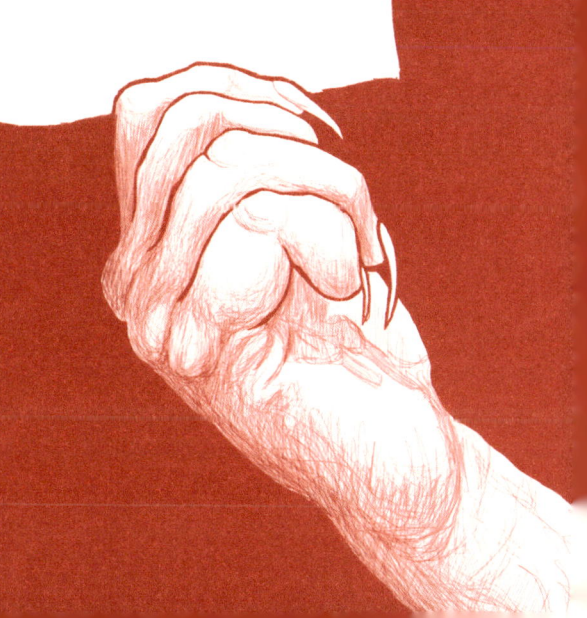

CANTO

Os carros
não cessam de passar ao longe,
o tráfego de formigas
escorre sob o piso.

As nuvens
correm não se sabe pra onde,
o jato no céu azul
escreve um risco.

Quem parte
leva a paisagem na memória,
o ônibus
faz um túnel na neblina.

Nada morre mais rápido
do que o agora,
anda pela sombra
uma vitória tardia.

Ainda há tempo,
parece me dizer o pássaro.

EIS

Deponho minhas armas sobre este balcão
Estou aqui desnudado
Em silêncio
Enceno o porte esguio de uma flor qualquer
Um copo-de-leite, uma margarida
Você pode me olhar
Cheirar
Despejar um pouco de água
Ou me arrancar
Me levar contente
Morto na sua mão
Eis-me aqui
Em silêncio
Decido encenar eu mesmo
Mas já não lembro bem o personagem

OCASO

Esta árvore inclinada
como a Torre de Pisa
ainda vai assistir
a quantas tempestades?
Suas raízes estouram
o calçamento
e já foram podadas
por diferentes mãos.
Recomposto o passeio público,
ela volta a pressionar as lajes
e se inclina em diagonal
como se estivesse num pé só.
Talvez vá viver mais, muito mais
do que eu, que ando ereto
sobre dois pés.
Vamos cantar então
a canção da árvore inclinada,
vamos dançar em roda, a sua volta,
vamos cantar e tocar pandeiro,
com roupas de pierrô e arlequim,
até que se caia de tanto cansaço
aos pés da árvore inclinada.

PASSO DE DANÇA

É admirável a façanha que só você consegue.
Basta ser você e apertar o play.
Eu passo as tardes envolvido na teia
que eu, que nem sou aranha, criei.
Você não. Onda serena que segue sob o surfista,
faz o que deve ser feito. Você sim.
Estrela cadente e todas as coisas que sabem ter fim.
Um dia hei de aprender a dançar contando o tempo,
a memorizar a sequência,
mas sem perder a leveza, a cadência.
Que nem você, não como eu, que entendo bem
de decadência. É admirável a façanha,
você, a montanha, eu, o que nem sei.

DE MÃOS DADAS

Tomamos a decisão acertada
Posso dizer hoje olhando para trás
Como se pudéssemos ter decidido diferente
Como se a decisão não fosse cada um de nós

A nuvem não decide chover
O sol sola
Nada sei de uma árvore
Mas suspeito que duas árvores
Não podem crescer juntas
De mãos dadas
Como eu e você

Uma acompanhar cada fase da outra
Enquanto se ocupa de si
Tarefa já complexa o suficiente
E ainda olhar surpresa
Para tudo que não é ela mesma

Seria talvez como o rio que vai em frente convicto
                [de estar no caminho certo
Mas um rio não segue de mãos dadas com outro rio
Como eu e você

Chego a chorar pela solidão do rio, pela solidão da árvore

A CASA

Uma casa se constrói
E se deteriora
E se reconstrói
E se deteriora
Enquanto isso a vida
Vai deixando pra trás
Cada agora

Quem mora guarda a casa
Na memória
Se enamora de um canto
Uma fresta de sol e silêncio
De onde se ouve
O motor da geladeira
A água pelos canos
Os estalos da madeira

Um dia o morador some
Fica a casa insone
Mas não sozinha
Aranhas triunfam com suas teias
Formigas moram sob a laje
Mosquitos duelam com lagartixas
Até que um novo dono
Imprima outra vez a rotina

Reformas no telhado
Cores pelas paredes
Quadros
Tapetes
Venenos para todo e qualquer intruso
A casa assiste quieta a tudo
Aposta que vai viver mais do que ele
Ostra, planta carnívora
A casa acolhe o inquilino
E o liquida

SACOS

Estamos repletos de inutilidades,
suas, minhas,
inutilidades de família,
de valor inestimável.

Quinquilharias, ninharias,
boiando no pó, atiradas em caixas,
envelopes rasgados, gavetas.

Ninguém se arrisca a botar fora
esses tesouros de um reino perdido
entre os guardados.

Em quantos sacos de lixo,
sacos grandes de cem litros,
vai caber todo o passado?

AH, O AMOR

O amor é um sufoco
de que todos querem sair correndo.
O amor é uma coisa de louco que só vendo.
O amor, o amor, o amor, rapaz!
Mais vale um pacote de Doritos
na madrugada solitária.
O amor é um conceito histórico,
tem uma função no patriarcado,
na defesa da propriedade privada.
Precisa ser superado pela marcha revolucionária.

POEMA DE NATAL

"Ama o teu próximo
como a ti mesmo."
Quem não ama
muito a si mesmo
amará o próximo
com pouco
entusiasmo?

E quem for
por acaso
um narciso
amará só a si
e amar a outro
não será mais
preciso?

Amar é aprendizado
de berço, ou antes,
intrauterino?
E é lá de dentro
que vem uma deusa
ou um deus
menina ou menino?

Ou o amor nasce
da perda, do corte,
da separação,
justamente no instante
em que se ama
não o próximo,
mas o distante?

SANTOS VOADORES

Faz tempo não se fala
sobre os santos voadores.
São José de Cupertino
era também conhecido
como o santo levitador.
Simão Mago,
relatado nos apócrifos de Pedro,
voou pra provar que era um deus.
Pedro fez uma oração
pedindo ao Senhor que o parasse,
e o mago veio ao chão.
São Francisco de Assis
ficou suspendido acima da terra,
à altura de três ou quatro covados,
segundo se diz.
Santo Afonso de Ligório,
enquanto pregava em Foggia,
subiu ante os olhos
de toda a congregação.
A lista é grande:
Santa Catarina de Siena,
São Francisco de Paula,
São Francisco Xavier,
Santa Gemma Galgani,
São Gerardo Magela,
Santo Inácio de Loyola,
São João Bosco,
São João da Cruz,
São Martinho de Porres,

São Pedro Claver,
São Pedro de Alcântara,
São Filipe Néri,
Santa Teresa de Ávila,
São Tomás de Aquino,
São Serafim de Sarov.
Que façam alçar voo
todas as nossas dores.
Faz tempo que não se fala
sobre os santos voadores.

RONDÓ DO DESAMPARO

1

Este peso de saber
que cada hora é derradeira
nenhum humano suporta.

Teria que assumir um ar
demasiadamente grave,
como se fosse parente
dos elefantes e não
das aves, das borboletas.

Deus salve a ignorância
sobre o tempo de cada um.

2

Prever rotas do destino
é um risco para humanos,
já sabiam bem os gregos.

Édipo Rei, que vivia
sem ser cego e nada via,
quando viu, furou os olhos.
Ao contrário de Tirésias,
que era cego como o dia.

Deus salve a ignorância
do futuro de cada um.

3

Escolher o desamparo
dói demais em cada humano,
mas a dor é liberdade.

Mesmo que algum deus se esconda
na linguagem: "deus do céu",
"deus nos defenda", "faz pelo
sinal da cruz", "credo em cruz!" –
palavras sem salvação.

Deus nos livre de qualquer
deus que seja de verdade.

ZOOM

Toda essa gente que passa
Na direção contrária
Toda essa gente que passa
Na direção contrária
Toda essa gente que passa
Pasta de cores
Quem é aquela
O que procura
Vive sozinha
Num edifício de doze andares
Quatro apartamentos por andar
Quarenta e oito apartamentos
Numa rua com mais vinte prédios
De doze andares
Quatro apartamentos por andar
Novecentos e sessenta apartamentos
Toda essa gente que sobe
Toda essa gente que desce
De elevador
Motor ligado dia e noite
Cabos deslizam no poço
Quem é aquela
O que procura
Ou nada procura
Corre na direção contrária
Sobe
Desce
Sobe
Desce

POSIÇÃO

Uma vez por ano
as sombras
ficam exatamente
sob os objetos.
É por um breve instante,
ao meio-dia,
com sol a pino.

Nos demais dias,
se projetam
mais à frente,
mais atrás,
para os lados.

Quem decide
a posição
é o sol.
A luz comanda a sombra.

O sol, entretanto,
também não vive em liberdade.
Faz todo ano o mesmo trajeto,
no mesmo horário,
como um obediente
funcionário.

ESTAÇÃO

Um dinossauro senta
ao meu lado no trem
e ninguém nem aí.
Puxo conversa
e ele abre a bocarra,
mudo de ideia e me calo.

No banco em frente,
alguém lê o jornal
e resolvo espiar.
Me perco em reflexões
sobre o Brasil
e seu destino errante.

O alto-falante diz
com voz incompreensível
o nome da estação.
Decido saltar fora,
afinal já me sobrava
uma nesga de banco.

DUENDES

Não existem duendes,
me dizia um homem
com fantasia de duende.
Sim, não existe duende,
mas existe fantasia
de duende, eu lhe falei.
Sim, mas não existem
duendes fantasiados
de duendes, ele retrucou.
Sim, mas existem fantasias
de homens fantasiados
de duendes, eu rosnei.
Sim, mas não existem
duendes fantasiados
de homens fantasiados
de duendes, ele gritava.

ENCONTRO

Encontrei o anacrônico
no meio da calçada
e não consegui me desvencilhar.
Ele tirou o chapéu ao me ver
e disse umas palavras
em desuso.

Perguntei se não queria
o novíssimo *Aurélio*,
a cartilha da reforma ortográfica,
o compêndio de gírias
das gerações x, y e z.

Falou que ficava lisonjeado
com tanta deferência,
mas preferia seguir
como sempre foi,
pois se para frente
é que se anda,
para trás é que
se anda de ré.

VAGA

Atrás de emprego,
me tocou treinar
o primeiro replicante.
(Antes de prosseguir,
uma contextualização:
inspirada no filme *Blade Runner*,
não na banda Os Replicantes,
uma indústria produziu
um androide humanoide.)
As lições iniciais consistiam
numa série ritualizada de ações
que deveriam ser feitas ao despertar:
    1) rolar para um lado e outro na cama,
    2) sentar, 3) erguer os braços e 4) se espreguiçar.
Só para ele assimilar esses poucos gestos,
gastamos seis longos meses.
Tinha problema para memorizar a sequência:
ora sentava antes de rolar,
ora erguia os braços rolando,
ora desistia e ficava inerte.
Tínhamos que o consolar,
dizer que é difícil mesmo,
afinal, ele era o primeiro replicante a tentar.
Como, nesse meio tempo,
me ofereceram uma vaga
de redator publicitário,
mudei correndo de emprego.

EREMITA

O eremita largou tudo,
doou seus bens,
partiu para o deserto,
lutou contra demônios,
ergueu uma muralha
de silêncio e solidão
para viver em paz
sua vida de asceta.

Seu gesto foi admirado,
sua fama correu léguas,
e uma legião de seguidores
cada vez maior
se dirigia, dia após dia,
para ouvir sua palavra.

O TRISTE SUMÉRIO

Mistério enorme
é essa tristeza
de um sumério.
Lágrimas, lamentos,
angústia, depressão
e sofrimento,
ele dizia numa escrita
que nunca se perdeu.
O destino perverso
aprisionava e já cessava
sua vida, banhada
por uma doença maligna.
Não adiantou rezar a Gula,
divindade suméria da cura.
No Estandarte de Ur,
feito de concha
e lápis-lazúli,
os afazeres cotidianos,
a vida toda ordenada,
não se vê
o triste sumério
olhando fixo
para o nada.

NÓ

Não se sabe como,
a partir de um determinado dia,
a vida passou a ser em três vias.
Cada um vivia três vidas simultâneas,
e dizem que até mais vidas havia.

Em cada uma, uma história,
um fado, uma alegria.
Uma complementava a outra,
o que faltava aqui, ali sobrava,
e ainda restava a terceira
para aperfeiçoar o que a segunda
não corrigiu da primeira.

O fogo nascente da aurora
em três se acendia
e já saltavam da cama
três eus ou você
cada um na correria.

À noite, no travesseiro,
os três eus viravam um só,
que dormia apaziguado
com os três dias
bem atados
por um nó.

SER

Não fosse um ser
com terminações
nervosas
e determinações
de toda ordem.

Não fosse
um fantoche
do inconsciente,
um bocó
que anda e fala.

Ou pior,
que sente.

Aí seria fácil,
gente.

SE

Se por acaso,
ou melhor,
em consequência
de uma ação,

o que vier for bom.
Se o bom, ou melhor,
o muito bom
é quem vem pra dar o tom.

Se decerto
der certo
e seja isso
o que for.

Se e somente se
o se estiver a favor.

PESO

Se tivesse que responder
a todas as perguntas,
ninguém se ergueria da cama.
Baixa a neblina, o dia nos chama.

Se tivesse uma só resposta,
já estaria no lucro.
Quem tem todas
só pode ser louco.

Caminhar, levantar peso
só pra não emperrar as juntas.
Vai mais longe quem tem
a maior coleção de perguntas.

VELA

Toda a ciência de viver
consiste em não saber mais
do que o necessário.

Isso dito assim parece pouco,
mas o necessário
tem o tamanho
do infinito.

Isso dito assim parece muito,
mas não é,
se somarmos a ciência
de todos os humanos,
do dia zero
ao dia sem fim.

Minha contribuição:
cinquenta anos
de ignorância
e alguma luz de vela.

AVALANCHE

Amigos podem parecer um excesso de bagagem,
um entulho sem lugar pra guardar na gaveta.
Não apenas amigos, também os amores, afetos
e todos os devaneios inúteis.

Vista seu casaco comprado em cinco vezes,
entre no seu carro comprado há três meses.
Do que mais você pode precisar?

Repita o mantra, repita até ficar rouco,
depois deite no escuro ouvindo o barulho da rua.
Tire um amigo da gaveta, amassado, leve ao sol,
depois dobre com cuidado, faça assim com os outros,
arrume todos empilhados no closet.

A previsão para hoje é uma avalanche de neve,
um rio que sai do leito e pega a estrada,
tudo vem na direção da sua vida.
Entre no carro e saia pela rua de trás,
vá o mais rápido, ainda dá tempo
de fugir de você mesmo.

PODE

Eu aqui de novo e você.
Eu com meus, você com seus,
falo de mim, você de você,
falo de você, você de mim.

Quando um rio corre,
os peixes aceleram.
Se uma nuvem passa,
navega sobre a água.

Quando uma estrela,
quando um céu escuro,
quando um cometa,
quando uma lua.

Quando uma criança
de repente não é mais criança.
Quando seus pais crescem.

Pode acontecer comigo,
pode acontecer com você.

MEADA

O que o levou a ser assim?
Ele talvez nem saiba contar.
Há um caminho, menos lugar
que névoa, sina, destino,
mas nada de fatalidade.

Como trajeto, foi percorrido,
um pouco em sonho,
um pouco em vigília,
como as duas metades
de um quebra-cabeça
que nunca se monta.

Por isso o que ele conta
é uma meada sem ponta,
o início está aquém,
se é que há um começo.

O que o levou a ser assim
é o mesmo que o vai levar
pela mão até o fim.

FIOS

Aqui os fios não estão debaixo da terra.
Percorrem o ar entre as árvores,
servem de pouso aos passarinhos.
Às vezes, um transformador estoura,
falta luz por horas numa rua inteira.

O fato já vira uma história
contada no almoço,
e alguém puxa outra história
de fios e estouros e escuridão.

Um, no entanto, come desatento,
não ouve a conversa.
Quando perguntado, se desculpa
e já engata falando que, na Europa
e nos Estados Unidos, os fios
ficam embaixo da terra.

FALA

A árvore não precisa ir a lugar algum.
Seus compromissos estão ali mesmo.
Crescer, respirar, florescer e cuidar
pra não sair voando com o vento.
Talvez ela quisesse mesmo ir,
mas isso lhe custaria a vida.

Como saber o que quer?
Diga, árvore, estou aqui
na escuta.

Tem gente que abraça,
tem quem fica na sombra,
tem gente que pinta,
tira foto, desenha.

Como saber se gosta,
se fica incomodada,
se é indiferente,
se ela não fala?

Só range e farfalha.

NATUREZA

O aprendizado da chuva:
se todas as condições se repetirem
na aparente diferença
encenada pelo número do dia,
choverá outra vez
como na vez primeira.
Não há surpresa, evolução,
readaptar-se,
incorporar um novo dado
que reorganiza o antigo repertório.

Nuvens se avolumam no horizonte branco.

A expedição das formigas.
Depois de examinado o terreno,
procedamos à arquitetura do formigueiro:
    (1) ruelas com centímetros suficientes
    para o tráfego incessante;
    (2) altura e largura para passar
    um besouro sem ser fatiado.
Não há a adição de escadas rolantes
ou esteiras elétricas.
Não há revistas especializadas
com um novo conceito de formigueiro.

Chove.

NÉVOA

Não sei se você merece
toda esta minha dedicação.
Já sofri um bocado
pra me livrar do passado,
pra tirar você do fundo falso
da memória, onde se deposita
toda uma história
de tristeza e frustração.

Agora me reaparece,
não ouviu a minha prece
pra ficar longe,
lá onde um dia
a alegria combinava
com seu nome.

Devo tratar você por ora
como se não conhecesse,
como se fosse possível
não ser a pessoa
em quem, assim como em mim,
a névoa da perda ecoa.

MOIRAS

Está certo.
Ninguém pôde fazer nada.
As moiras fiam, enredam e cortam
sem pedir a nossa opinião.

Brincam com nossas vidas
como os poetas com as palavras,
os músicos com as notas,
os pintores com todas as cores.

E nos pomos a interpretar,
a reconstruir o enredo,
a trilhar o impossível
num tempo e num espaço
já desaparecidos.

Havia sim um caminho.
E no meio não havia
nem uma pedra,
nem uma rocha.
Havia sim um caminho
que terminava numa parede
sem porta.

BALANÇA

Eu era bem pequeno
e fui com meu pai,
orgulhoso de estar ao seu lado,
comprar uma balança vermelha
para a nossa fruteira.
Hoje posso colocar,
nos dois pratos imaginários,
de um lado o que deu certo,
de outro o que deu errado,
e ver que o peso, na verdade,
não depende da quantidade.
Há coisas ínfimas,
solitárias,
algumas até invisíveis
que pesam mais,
e outras enormes
sem nenhum valor.
A fruteira foi vendida,
meu pai também se foi,
e, talvez,
em algum lugar empoeirado
brilhe, quem sabe ainda inteira,
uma balança vermelha.

RUGAS

A beleza leva tempo.
Pode chegar na sacola de outro
e tomar conta da casa
com sua conversa nova.

Estava parte em alguém
e parte em outros tantos,
espalhada num país imenso,
só esperando que o acaso
fizesse logo a sua parte.

O tempo não se aflige,
tem todo o tempo do mundo.
O acaso é distraído,
enquanto a beleza,
reclusa (ao contrário
do que pensa a indústria
de cosméticos),
aumenta a cada ruga.

ORAÇÃO

Todos merecem viver
assim como merecem morrer,
pois que a vida eterna
é uma anomalia.

Só a eternidade não tem cura.
Todos merecem ter um fim
assim como tiveram um começo
e depois tantos recomeços.

Mas que não seja agora,
dizem os que querem viver.
Mas que venha já, sem demora,
clamam os que querem morrer.

Todos merecem o céu
assim como merecem a terra.
Não há critério de seleção.
A vida é generosa e pouco exigente.

BAR FANTASMA

Quem você pensa que é não é.
Quem você sente que é, sei lá.
Osso por dentro não ouço,
carne por fora não como,
sangue nas veias
azuis.

É preciso ter um objetivo,
o meu é estar vivo.

É preciso levar a sério
a nossa tragicomédia
e não sair na metade.

Depois da vida,
num bar fantasma,
a gente comenta o filme
e fala mal do roteiro.

PARA-CHOQUE

Envelhecer para se renovar.
Vai longe no tempo o último grito.
Hoje tinha uma festa de bem-te-vis pelo céu.
Imitei o canto com um assobio.
Não sei se me ouviram,
se responderam pra mim,
ou me ignoraram.
Eu dizia: envelhecer para se renovar.
Grafar este verso num para-choque de caminhão.

BANDA

Se todos lhe abandonarem no meio da estrada,
faça uma banda com você.
Na volta, mostre o que conseguiu erguer no deserto de
[si mesmo,
e todos vão querer tocar as canções.

Não seja vingativo e permita que toquem.
Há coisas que só podem ser criadas na mais absoluta
[solidão,
mas isso só se descobre depois.

Todos podem ter lido o seu desejo, que nem você sabia,
e se retiraram a tempo.

TENTATIVA

Não é preciso tanta música.
Silenciemos por um momento.
Bastem traços como galhos.
O que quer dizer a cor azul?

O mar não está calmo nem agitado,
o mar não tem nenhum sentimento,
não é preciso emprestar sentido,
silenciemos, basta tentar, silenciemos.

E aqui me pego na repetição,
e com ela já começa a dança.
Façamos uma coreografia
sem nada que se repita.

Uma dança infinita de gestos.
Quem seria capaz de dançar assim?
Não é preciso tanta dança.
Paremos por um momento.

III

ERRATA

CERTIDÃO DE NASCIMENTO

se precisar eu nasço
me refaço de um naco

bem no meio de uma tarde
chovendo ou com sol forte

se precisar tenho estofo
por conhecer o estorvo

desnascer à socapa
refazer nunca acaba

envergar uma vara
crescer mais é uma barra

o destino que traga
sobre os olhos a tarja

escrever cada tomo
vai ou não vai para o trono

pra nascer basta o nada
renascer basta um neto

NATURAL DE

nenê novo na praça
na cidade ele embarca

incendiou o mercado
bem ao lado do porto

uma hora tudo pifa
o guindaste se move

uma antena no topo
abre a boca de lobo

um navio coisa rara
a antena é no morro

o navio liga a draga
como o rio eu me esparjo

não sou barco mas remo
a implosão já detona

lá me vou na cidade
sem um lenço e sem mate

NACIONALIDADE

jogar pedra em vidraça
a polícia já ataca

levantar uma espada
dependência é morte

destronar a catrefa
perder tudo de novo

quem nasceu neste mapa
quem desfaz essa naba

o fascismo me encara
e prepara a sua amarra

somos bons nesse jogo
abasteço meu alforje

nos dois polos de um ímã
a nação não se irmana

que se dane o covarde
não há amor sem embate

PROFISSÃO

mão firme no caniço
ao peixe boa minhoca

baixar no fogo a escada
salvar um bicho ou gente

preparar a farofa
plantar e colher erva

secretário do Papa
ser da bolsa que sobe

ir serrar uma tora
fabricar a gangorra

dar o baque no gongo
caçar touro que foge

na comédia ou no drama
passa logo essa grana

e se a Terra é redonda
sei fazer o pacote

IDENTIDADE

o prazo sempre passa
a lei me identifica

confirmo o velho dado
sou o mesmo e diferente

alguém me fotografa
mais leve ou com ar grave

e nada mais escapa
a lente me descobre

a moça já prepara
tem que assinar na marra

assinatura amarga
firmada nesse hoje

o tempo não se soma
é sempre um dia a menos

a vida se liquida
e sobra um documento

EPITÁFIO

e por mais que se faça
há ferrugem na faca

a velhice não tarda
juventude se farta

se afunda na garrafa
algaravia se agrava

figurinha de inhapa
rouba-monte desaba

sobra a velha e boa cara
sobrancelha e bocarra

a memória já é gaga
sua turma não se engaja

se desfaz toda a trama
na medida da trena

a vida toda errada
a poesia é a errata

IV

ATRIBUÍDO A MIM

ARQUEOLOGIA

Por volta da segunda metade
do século vinte teria nascido
o poeta a quem é atribuído
este conjunto de poemas.

São fragmentos e rasuras,
o quebra-cabeças de um texto
que deve ser o oitavo
ou sétimo palimpsesto.

Cotejando os versos
que aqui se encontram
com outros que a sua letra grava,
sobra o enigma da palavra.

Nosso esforço, sempre precário,
foi recriar o que se perdeu
(menos criações do que hipóteses).
No que o tempo mutilou, próteses.

RASTROS

Cabelo lambido, repartido para o lado,
posa o poeta de gravata-borboleta,
terninho de calça curta,
para uma foto branca e preta.

Dizemos poeta, mas é uma incorreção.
Nessa idade em que aparece
era um menino como outro qualquer.
Nem sonhava que existisse um Baudelaire.

Nada acusa, no seu gesto decidido
(a mão na banqueta, o braço estendido),
a autoria deste ou de algum outro verso.
Atrás, um carimbo, como senha: Foto Azenha.

NOTA

Esta é uma nota de rodapé que subiu à cabeça,
ao cabeçalho, ao centro do cérebro, enfim,
seu lugar é lá embaixo, não devia estar aqui:
> Há que se colocar o poeta entre a sua geração.
> (Mas ela ainda está em gestação.)
> É preciso recompor o contexto histórico.
> (Mas mal temos o retórico.)

OUTRO

Quiseram raspar o tacho fundo
do baú de guardados do poeta
acharam poemas quebrados
como velhos brinquedos

Quiseram recompor verso a verso
a máquina emperrada das melodias
tocou uma música muda antiga
que já mais ninguém entendia

Fizeram uma luxuosa edição
com páginas em filetes de ouro
mas o poeta que ali se mostrava
era uma máscara do rosto de outro

O AUTOR

Agora que entreguei o que penso
no mesmo carregamento
em que mandei o sentimento,
resta este braço direito,
que pode se partir em antebraço,
mão, cotovelo.

Com a mão esquerda
ainda posso arrancar o cabelo,
rim, fígado, baço, paleta, costela.
Faça o pedido, leve a canela,
joelho, coxa, veias, sangue, virilha.

Pegue minha tripa e faça morcilha.

A OBRA

A obra que sobrevive ao autor,
que sobrevive apesar do autor,
que sobrevive já sem o autor,
que sobrevive e inventa um autor
que renasce e recria a obra.

Estantes nos ossos do tórax,
uma coleção ali se deposita.
Minúsculas encadernações
que só aparecem na radiografia
escapam à fúria dos bibliófilos.

Um dia serão extraídas
por um leitor médico-legista.
Não conseguiu o autor
morrer com elas no corpo.
Vai vazio para o crematório.